ИЗГОВОР

ИЗГОВОР

Небојша Стојоски

Globland Books

СТИХОВИ СВЕТЛА

КАФА

Кафа за нови дан.
Не знам какво ме чека јутро
након уласка у аутобус.

Ноћ је мирисала на грожђе
а поморанџе у даху
твога пољупца.

Кафа за двоје
и киша што испод прозора извирује.
Знаш да се плашим да изађем.

Радије бих се свио уз тебе
да гледамо филм о љубави,
али охоли свет ме зове
и немам више куд.

ВРЕМЕ

Време је нечастив појам
за тебе и мене, траг у вечности
људског битисања.

Не могу избрисати
сећање на прошлост,
јер тамо ћу те опет наћи

док бришеш
сећање на нашу љубав,
а она је још увек у нама.

Птица си у телу жене,
одлетећеш са мирисом кафе
коју смо заједно пили.
Проничеш у линије длана
из којих се види љубав.

Време пролази,
а још увек си у мени,
птицо у телу жене.

ИЗГОВОР

Изговараш речи које ти
леже на души. Киптиш од
беса и страха, несигурна
у сопствену мисао.

Мислиш на љубав, кажеш мржња
и обрнуто, као нејасна песма си.
Раштимована симфонија душе.

Стих је умеће свемира,
глас Божији у тамној ноћи.
Бисерна шкољка на дну мора.

Изговор за песму не постоји,
судбина осута ти је дата у руке.
Ти само не знаш да је искористиш.

ТИ

Ти си мој најдубљи немир
у тренутку свитања.
Будим се опчињен тобом,
твојом божанском лепотом
изњедреном тихо.

Ти си прапостојбина Балкана,
рођена у мирису косовских божура.
Испијам јутарњу кафу мислећи
о нашој будућности.

Ово тло је саздало
твој чаробни лик са лепотом
горске виле. Нешто си посебно
у недостатку милости света.

Нека људи мисле шта хоће,
жељан сам благих додира
у твом гласу. Божанство
старословенско си за мене.

Јутро и вече почињу са тобом,
богињо мојих пролећа.

ЦРТЕЖ

Цртам по твојој кожи
места која нас чекају.
Градове што обоје волимо,
знаним нам само са разгледница.

Москва, Париз, Беч, Лондон
— координате на твојим леђима.
Да ли би и ти желела да смо тамо,
након вођења љубави да пијемо
капућино са шлагом?

Догорева цигарета у мојој руци
док мастилом шарам дуж твог тела.
Нејасне су ми исцртане линије
остале иза мене након твог сна.

И све је то доказ љубави наше
                      која не умире.

НОЋ НА МОРАВИ

Читате ли Хандкеа
у овој тихој Моравској ноћи,
млада дамо? Занима ли вас
судбина једног писца?

Он је видео свет,
куђен и хваљен за своја дела.
Брод вас чека да се укрцате
        и запловите.

Одлутате таласима Европе
и нађете колевку човечанства.
Писац је увек обележен стигмом.

Дођите у хотел „Моравска ноћ"
и запловите мислима кроз
таласе исписане речи.
Млади сте, још увек
можете то.

СКАЗАЉКЕ

Сказаљке на сату откуцавају поноћ.
Не видимо једно другом лице,
а нетремице се гледамо.

У соби пуној духова лежем у кревет.
Знам, поново ћу сањати кошмарне сне.

Сказаљке на зиду откуцавају поноћ.
Ставио сам бели лук да се одбраним
од духова љубави.

Некада смо шапутали једно другом
баршунасте речи на свиленом јастуку.

Проћи ће и ова ноћ,
а ја ћу те и даље волети
кроз игру сенки што најављују
                        ново јутро.

МИСТЕРИЈА

Мистерију голубова што лете
високо на небу нико не зна.

Мистерија речи је библиотека
за свачије срце. Порађање светлости
прекида дозивање дрекаваца у ноћи.

Божијим чудом убијам вампира
у себи. Цео живот је мистерија.

СИДАРТИН ПЛЕС

Сидарта је плесао све до јутра,
уткан у нирвану чекао Сунце,
дозивајући кишу и ватру.

Принц светлости
одагнао је таму из свог срца,
у глуво доба ноћи тражио
мир своје душе.

Букет цвећа просут као Сунце
распршено понад Тибета
и седам година молитве.

Нирвана, раскошница снова,
односи га у рајска пространства.
Душа не умире никада,
само мења облик и живи
у другом бићу.

У стању равнотеже
досежу се небеске висине.

Уз један принцип духа и материје.
Сидартин плес заводи Сунце
док полако свиће јутро.

ПАТРИЦИЈА

Још сањам кишу
и када сија сунце, Патриција!
Клокот сандала што ударају
о градске улице.

Отишла си од мене
док сам ти брао рајско воће,
Патриција.

Имала си прошлост,
а да ли сада имаш будућност
                        Патриција?
Вукови дозивају твоје име
у тами пуног Месеца.
Свемиром одјекује
твоје име.

Убила си оно Божанско
у нама док си одлазила,
                        Патриција.

Врати се и покуцај на врата
заједничке судбине. Још сањам
твоју црну косу, Патриција!

СЈЕДИНИ СЕ

Сједини се са мном у ова оловна времена.
Бићемо пркос закону гравитације.
Књиге љубави не могу нам одати
суштину евхаристије.

Господ је створио пролеће,
лето, јесен и зиму.
Ти си метаноја
моје душе.

Сјединимо тела.
Наша љубав одолева зубу времена.
Не постоји судбина.

Ти си Ева, а ја Адам
у задњим данима апокалипсе.

ВИ СТЕ

Ви сте онај песник,
рече ми она на улици,
док су нас обилазили
са свих страна људи.

Волим вашу поезију,
рече ми смешећи се.
Носила је лаковане
црвене ципеле.

Откуд сад она,
запитах се у чуду.
Уздахнула је гласно
изговарајући своје име,
а ја збуњен, позвах је
на кафу у свој стан.

Све остало је историја.

ОСЕЋАШ ЛИ

Осећаш ли траг јелена
у мојим корацима,
плашљива срно?
Не бој се, ја дарујем
нежне додире.

Осећаш ли ову шуму,
где наши папци газе?
Све ће проћи, остаје
само наша љубав.

Видиш ли да те волим?
Не плаши ме се,
нежна срно.

СТАКЛЕНА КУЋА

Ко зна
кад сам задњи пут био,
у стакленој кући
где се створила
наша љубав.

Баш тако, кућа од стакла
са месинганим бравама.
Мирисала је на пољско цвеће
у башти пуној црвених ружа.

А ми нестадосмо
и нема нас у месту
где си јахала Пегаза
чаробног.

Он сад тугује,
јер никада више
на том месту ти и ја,
а како сам само волео
твоје усне од јагода.

Остало је само растиње
шарених мириса.

БУДИ

Буди сенка док израњам из воде
и кћи сирене што заводи морнаре.

Сенка древне Сорабије
на ушћу Саве у Дунав
и потомак римског цара.

Буди сенка манастира
мојих молитви,
само немој бити ја.

ЗАПЛЕШИ

Заплеши обнажена
у стану сиромашног песника.
Подари му ноћ радости.

Заплеши гола и додај боју
љубави у његове стихове.
Нека ноћ буде чаробна.

Исцртај његова сива јутра
мирисом ружа и јутарње кафе.
Он ће те памтити цео живот.

Води љубав са њим уз стихове
Бодлера, Јесењина и Лорке.
Кажи му да волиш
боју његовог стиха.

Ех, када би могла да останеш ту
и не луташ светлима велеграда.
Буди расцветана ружа
у његовој башти
пуној туге.

Заплеши гола и пољуби га
док тихо свиће јутро.

ТРЕПТАЈИ

Трептаји немирних душа
траже се у сновима.
Топлина траје кроз векове.

Она је мелем
за усамљене птице
што лутају небесима
изнад паркова.

Где је светлост, а где тама
у трептају сенки?

КЛАРИС

Памтим још ноћи
и боју твог тела разливену
по мени, Кларис. Предивни
су били дани у Сен Денију.

Заклела си се на верност,
Кларис, тог дана у кафеу.
Волим те црне очи које
скриваш иза наочара.

Љубиш ме сва у сузама.
Знак мог одласка ти ломи срце
и ствара чежњу. Можда се
једном вратим због тебе,
                    Кларис.

ПОДЕЛА

Поделио сам срце на пола.
У једном спава дивља звер,
у другом анђео који те чува.

Воле те обе стране мога срца,
светло и тама, добро и зло.
Будиш љубав у мени.

Страх од мене, милост за тебе.
Да ли то знају две странице
исте књиге у којима си
уписала моје име?

Свемир зна тајну љубави и мржње,
само он буди срећу у мени.
Отварам врата небеска
када сам са тобом.
Молим те, буди сенка
која ће ме вечито пратити
                          кроз живот.

МАТЕРИЈА

Када материја добије облик,
шта остаје? Да ли је човек дух
што застајкује док хода земљом?

А дух је време које даје смисао
материји. Тако настаје живот.

Шта је старије? Небо или земља?
Храна на столу даје смисао материји.

И прашина је исто материја
што настаје из ветра,
воде и ваздуха,
елемената нужних
за битисање човека.

Добила је облик
и шта после тога?!

СТИХОВИ ТАМЕ

ПРАСКОЗОРЈЕ

Олујне су кише
над Београдом у праскозорје
новог дана. Немирни дух
у боци ме буди.

Буди ме уз кафу, тамо где
си некада била ти. У паучини
на прозору умиру остаци
твоје љубави.

Нови је дан за једно ништа,
док голубови слећу на крови
зграда. Веселе се птице.

Ово је партија шаха
са сопственом сенком
уз чашицу ракије. Природа
умрла — заборављена
на столу.

Праскозорје новог дана
грехом моје душе зове те
да се вратиш.

ОЧИ ПЛАВОГ ПСА

Гледају ме ноћас очи плавог пса.
Он зна моје тајне које нисам
никоме одао.

Уши плавог пса све чују,
љубав и мржњу, страх и грех.
Он познаје границе човековог ума.

Дах ми се леди,
преплићу се јава и сан.
Он чује откуцаје мога срца.

Он зна да сам грешан,
али ме не кажњава.
Ноћас је месец
у његовом знаку.

Очи плавог пса све виде
док над градом пада киша.

ВАТРА И СУНЦЕ

Ватра што букти над градом.
Срце детета изгорело у пламену.
Вране пред очима невиних.

Ватра, ноћ која се памти
јер су гореле књиге.
Сенке мржње што воде љубав.
Све је то грех.

Грех изникао из похлепе
бездушних људи.
Ту смо у срцу зла.

Свет је у пламену.
Црни коњаници носе
наше одрубљене главе.

Победу нечистих сила
они ће вечерас прославити.

ПРАШКА БОХЕМИЈА

Седим у Прашкој кафани
и читам Кафку. Знам, и он је
некада овде долазио
и сањао исте снове.

Пољубац и чаша црвеног вина,
песма написана на салвети,
посвећена свим
његовим љубавима.

Уз тек разиграни валцер,
пишем писмо Грети и Милени.
Како су тужне љубави
прошлих живота.

Да ли његов дух живи у мени,
жене, вино и књиге?
Сироти чиновник и заточеник
сопствених заблуда о свету.

Грех је да мислим о њему
док ти прилазиш моме столу.
Бол у срцу, пусте ноћи Прага.

Отићи ћу млад,
издаје ме снага.

ОСТАВИ

Гурни овај лажни свет
у плаветнило неба.
Све око нас је грех,
саздан од нечистих илузија.

Будућност човечанства
у туђим је рукама које
немају времена за љубав.

Плач мале деце не чује нико,
на лажима смо сви одрасли.

Има ли правде за сиромахе
гладне љубави и хлеба?
Славуји годинама певају
тужну песму о Србији.

Мењао сам адресе тражећи срећу,
само сам за покој душе преминулих
на гробу палио свеће.

Хоће ли Бог погледати ово динарско тло?
Срце Балкана гори у ватри сујете и злобе.

Остајем овде макар живео без тебе,
а требала си ми да прегрмимо олују.

БЕСКРАЈ

Има ли краја мом лутању
од конака до конака?
Непрочитана књига
вири из џепа капута.

Пишем дневник о љубави,
животу, свим мојим збитијама.
Лик ми је у огледалу
остао и залутао.

Као вампир сам
што краде енергију живота.
Да ли сам то ја или коњаник
смрти што прави пустош у души?

Да ли је година исто
што и дванаест месеци,
или и календар обмањује
преигране судбине?

КРАЉ

Краља су матирали у задњем потезу
црни пијуни и ловци на беле душе.

Живот је партија шаха,
а одигран је погрешан потез.
Чуо се само пуцањ из пиштоља,
и пад краља на црно-белом пољу.

Одбрана је срушена,
забрањен град за пешаке пробијен.
Остала је зима што путује
Трансибирском железницом.

Краљ је мртав али живеће у сећању.
Написаће стих мртвом владару,
а нова партија треба тек да почне.

ТУМАЧЕЊЕ

Тумачим језик змије.
Адам је истеран из раја.
Вечно прогонство из блаженства.

Тумачим твоју песму
тражећи скривено значење речи.
Недокучива мисао.

Желим да знам тајне проклетих
у овој ноћи без звезда.

Тумачим власт Бога на небу
и људи на земљи. Нека тајне
остану заувек сакривене
од мог слуха и мојих очију.

ГРОТЕСКА

Црни хумор је крвљу обележен.
Нико није крив за то.
Свет стоји пред нама обнажен,
а ми са осмехом описујемо зло.

Дани црни, комедија
преплетених драма
опчињава душу сваку.
Магла греха, гнева и омама
у нашем је кораку.

Лице и наличје своје,
показује тај црни живот.
За једну причу увек треба двоје.

Не можеш да се сакријеш.
Овде тајне не постоје.

МОЈЕ ИМЕ

Знаш ли моје име ове ноћи,
жалосна птицо? Те ноћи
док сам сакупљао звезде,
чуо сам твој глас.

Моје име је знак песника
који пише у глуво доба.
Познајеш ли ме,
жалосна птицо?

Имаш ли име, или си само сенка
моје прошлости? Где је твоје гнездо?

Песник сам
што те дозива пуним Месецом.
Знаш ли моје име,
жалосна птицо?

ОПЕТ

Опет сам гледао дечака који плаче.
Његове сузе најављују апокалипсу.

Он и ја, изгубљени на перону
човечанства, закаснили смо на
воз који иде у сумрак Европе.

Опет сам га гледао.
Још увек чујем те сузе
што најављују крај
свих идеологија.

Сумрак богова сија
у његовим плавим очима.
Нестала је нада у живот.

Где се налазимо ја и он,
нико неће знати у судњем часу.

ПОЉА

Поља смрти дубоко у мени
обележена су крвљу
и кидају ми нерве.

Ноћ је за смрт, дан је за живот,
али у мом сну време је стало.
Зову ме поља смрти.

Сенке нагих девојака
које сам волео враћају
ми сећања. Улазим у воз
што иде у беспуће.

Гнев и крв у очима букте
док страдам разапет
између истока и запада.
Питам се само,
где ли је нестала
                        лепота.

ЧУЈЕ СЕ

Гори град у даљини,
као да је Нерон поново
запалио Рим. Пожар букти
по улицама.

Чује се плач деце
која беже из чељусти пламена.
У једном мом погледу
цео Пакао.

Страх и бол по улицама Београда
у очима сузе ми комешају.
Понављају се векови
страдања у болним ноћима.

ТИХЕ ЗВЕЗДЕ

Била је то још једна пијана ноћ,
књижевно вече је завршено,
само звезде дуж просутог неба.

Поезија и ватра алкохола
одјекују из дубине душе.
Зар је песник сиромах?

Дозивају ме снегови и кише
са београдских улица.
Из мојих уста мирише врућа ракија.

Тихе звезде се полако гасе
док спавам на улици
покривен месечином.
Песма ми је застала у грлу.

Пси луталице и тихе звезде
тумаче неразумљиве речи
у мојој глави.

Бука је напољу.
Звезде се полако гасе.

Пустите ме да умрем сном
праведног песника,
знам да ће једино звезде
плакати за мном.

ПРАХ И КОСТ

Само прах остаје
од мртвих костију,
људи, биљака, животиња.

Јесмо ли рођени за вечност
или за прашину пакла?
Нека одговори време.

Има ли сваки крај свој почетак?
Шта је узрок, а шта последица
када тонемо у таму?

У сласти црног цвећа
нестајемо полако.
Једино страх остаје
и тек никла тишина.

КАДА НЕСТАНЕМ

Чује се лабудова песма из мог тела.
Горки пелин, књига и кутија дувана
остају иза мене.

Књига је почетак и крај,
лабудова песма једног писца.
А да ли је љубав бесмртна?

Плакаће само неке од жена
којима песме посветих.
Моја смрт је њихов стих,
књига на столу коју нисам
прочитао до краја,
пут до пакла или раја.

Несуђене љубави
кљуцају ми срце
као птице грабљивице.

Када нестанем,
писаће о величини мог дела.
Остаће само успомене!

СУВИШЕ

Сувише смо различити
да бисмо заједно посматрали
обалу реке. Твоје су очи смеђе,
а моје плаве.

Сувише смо различити
да бисмо ходали заједно
улицама главног града
и вечерали
у отменом ресторану.

Водили смо љубав
као да смо два супротна света.
Ти и ја као север и југ,
исток и запад.

Свет је сувишан да бисмо
били још један љубавни пар
у овом пустом свемиру.

ОДУВЕК

Одувек сам роб судбине,
човек греха и врлина,
онај што живот куне
и пита се где је истина.

Знао сам да робујем
страстима и сновима.
Коју истину да казујем?
Кога више правда занима?

Одувек је било како мора.
Оно што је било то и биће.
Следи Содома и Гомора.

Човек је жељан власти,
а када стигне на трон свој,
гневан и јадан ће пасти.

БАЦИО САМ

Бацио сам своје песме у Дунав.
Црно море ће сазнати
колико сам те волео.

Чежња ми разара ум, срце и душу.
Стихови ће тећи, они знају наше тајне.

Скривао сам нашу љубав
у шољицама кафе и чаја,
далеко од погледа радозналих.

Дрвеће плаче за тобом
од кад сам урезао наша имена
у оронуло стабло.

Бојао сам се да ти изјавим љубав
чак и онда када сам те стварно љубио.

Заједно са плавим зидовима
ова соба тугује за тобом.

Однеле су те олује Београда.

БЕСНИЛО

Ко да обузда ујед бесног пса?
Људи су звери са душом.
Авиони надлећу нас уместо птица.

Бес у нама кипти,
ни лепа реч га зауставити не може.
Лека нема за отровне звери.

Завијају бесни пси, чувари пакла.
Где је Господ у свом овом лудилу?

НЕСТАЈЕШ

Нестајеш из мог живота
носећи рањену птицу у рукама.
Доказ мртве љубави.

Одлазиш као војник
после изгубљеног рата.
Метак ме погодио право у срце.
Ти си црна врана са ликом жене.

Срце си растргла на комаде,
дајеш га псима луталицама.

Љубави умиру под свим владарима,
тако ћемо нестати и ми.

ЖИВОТ

Живот као тамни сонет.
Малдоророва певања
за моју душу.

Где је грех поезије и прозе?
То нико не може да зна.

Која ће књига обесмислити смрт
или смо само сенке на папиру?

ЦРТИЦА О ЗБИРЦИ „ИЗГОВОР" НЕБОЈШЕ СТОЈОСКОГ

Има песника који хладно, прорачунато остављају траг у поезији, у којих лирско „Ја" не постоји, што је један од стожерних постулата модерне лирике — и поред завидног техничког умјећа такве је песнике филозоф Емил Сиоран ниподаштавао (примерице Валерија и Георгеа) а друге у којих лирско „Ја" је доминантно дизао у небеса (примерице Рилкеа и Шелија, додајући да су такви лирици „опасност по црвена крвна тјелашца". Наш песник Стојоски без сумње припада тој изреткој групацији песника — који својом крилатом имагинацијом, згуснутом гамом летећих кријесница мисли, што се напајају на чистом кладенцу танкоћутних осећања, и када су укопани — лете; и кад лете, столпнички окамењују, спремни да се узвину. Стога је у његовом песмотвору могуће открити „птицу у телу жене", ускос протоку времена; лирски субјект пермутацијом постаје чвориште, које се сећа лијане љубљене, што ваби птицу у бестраг одлетелу, а присутну.

Време пролази
а још увек си у мени
птицо, у телу жене...
(песма „Време")

За Стојоског писање је чин витештва, Стангерупово духовно начело: „Писати или умрети". Истински песник је донекле профано биће, а однекле — жрец, што се напаја с божанског извора, с ког смртници, изретко сасма, пију. Иначе, откуда би могао доћи до спознаје да је писац (читај — песник), „одувек обележен стигмом" (песма „Ноћ на Морави"), и да је стих „Глас божији у мрклој ноћи" (песма:„Изговор"). То је скоро Гетеов крик, из каратамља, кад је рекао: „Осећао сам се довољно богом да се спустим кћерима човечјим".

Зачудни елементи крунишу потку овог неконвенционалног лирског записа, ко из стене сукнуле божје речи, да посведоче, да са палимпсеста божанског заноса још могу, кроза индиго небесника, да се сроче освећене речи на земљи, премда апостоли одавно су умукли, а новоапостолски глас чезне да се чује видом, а види слухом; у том међупростору „ни на небу ни на земљи" чује се „Де профундус цламави, Деус" песника — поклисара, с висине, у дубини, крик што божјем пламену придодаје варницу без које немогуће је обасјање; клик сокола у време чемерних кукумавки; рику лављу у доба безрепих доушника, хијена; а глас такав, животно је потребан, да се реч љубав не би саплела о мржњу, да се реч мржње обисне о врат лабуђе нежности, заборавив мрзост шта значи.

Такав песник понајређа кова је Небојша Стојоски. Чудесни су неки примери онеобичавања у његовој поетици - примерице: он плови мислима кроз „таласе исписане речи"; и кад људи нетремице се гледају да не виде: „једни другима лице"; он зна за таму „пуног месеца"; љубљена је „метонимија његове душе" а он је Адам, а она, пак, Ева, „у задњим данима апокалипсе"; наш лирик игра „партију шаха са својом сенком"; он пророчки слути да нам „црни коњаници носе одрубљене главе", (можебити они толкиновски из Хобита), он спава на улици „застрт месечином".

У Платона људи су сене изрониле са зида шпиље, у нашег песника људи су „сенке са папира".

Од Лотреамона за чије певање каже:
"Живот, као тамни сонет,
Малдодорова певања
за моју душу" —

наш песник преузима у својој зачудној квинтесенци, људе бачене вртлогу оностраног, и недокучивог, те у њега, отуда крајње онеобичавајуће слике и мотиви. Лотреамон каже: „Леп, ко случајан сусрет кишобрана и шиваће машине на операциона столу", где имамо представу тела што се отвара скалпелом, као кишобран у руци човека, а шиваћа машина, алузија је игле и конца, у хирурга.

Песник нас увлачи неосетно у свој зачарани врт, с једне стране, колоквијалним, профаним дискурсом, а са друге псалмичним, узвишеним напевом, стојећ на средокраћи горњих и доњих небеса, налик столпнику за кога време је стало; а опет отиче временом, лишен свести о пролазности, ко анђео што је сишао смртника самоубиства да спаси, а по успешно обављеном задатку, заборавља царству божјем да се врати. Тако је чудном случајношћу, песник виших небеса постао наш житељ, а ми причесници на слављу богонадахнуте му песме.

Рецензент Слободан Блажов Ђуровић

У МАТЕРИЈИ СВЕТЛА И ТАМЕ ОСТАЈЕМ

Пустите ме да умрем сном
Праведног песника,
Знам да ће једино звезде
Плакати за мном.
Небојша Стојовски

Из досадашњих читања и размишљања о Небојшином стваралашту ово ми се чини да је пета најзрелија песничка збирка или рукопис који ми је дат за читање. Сам распоред песама има неку своју специфичну драж и особеност. У први мах сам осетио да ново певање има посебну лепоту у стилским фигурама и размишљањима о животу. Та лепршавост стиха ме је јако погодила, пријатно сам изненађен новим стилом писања који долази из начитаности светских и наших аутора. И стално сам се питао по чему бих овог аутора издвајао од скупине других, сличних његовом опусу и казивању. Напросто сам пријатно изненађен да се аутор баш вратио на праве песничке стазе попут Бранка Миљковића или његовог двојника по перу и души Марка Станојевића, који боји стихове крвљу у пољима косовских божура. Издвајају се две практично контрасне целине које досежу неки свој врхунац у певању песничких ставова о животу, љубави, поделама, материји, души, нежности, као покретачу силе и енергије која покреће овај чудан свет. Види се да песник истражује дубље своје видике и своје постојање. Овде се страх замењује неком другом бићу живота, односно плавом псу који одлично познаје песникову душу и нарав. Хиндуизам има тај приступ карме и дарме, живота и смрти, бола и лепоте. Овде је све дато тако уверљиво у неком свом песничком исказу попут Весне Парун, која се обраћа зеленој маслини и мору од кога је настала. Та исконска борба је попут запаљивог Нерона и Рима, а негде на обалама реке, где види жену птицу, по словенској митологији црну врану, као симбол јаке и доминатне особе. Овде има сликовитих приказа у песмама које дају посебан печат у стварању Небојшине композиције ослањајући се на нове историјске мотиве и догађаје. Речи су сажете као атоми у низу реченице која диктира посебну мисаону целину и боји слободан стих да буде (strong enough) довољно јак и маштовит са мало речи у свом приказу. Ретко сам до сада осетио код многих песника то олакшавање од сувишних елиптичних придева и именица. Треба бити јако моћан у свим веродостојним строфама оригиналних мотива и синтаксе. У овој новој збирци песник се огледао на Мићу Данојлића и његов љубавни стих препун верних речи и звукова у песми. На свој јединствен начин добили смо нову уверљивију поезију која може да се брани унедоглед. Делује ми да песник доста чита и ради на себи, да сазрева у свом стиховању, у свом *Изговору* можда је то права реч за његову нову збирку поезије саткану од снова и магије.

Песме Светлости сам циклус каже да ту има наде или је светлост у налету по песнику Војиславу Карановићу, издвајам песме: Кафа, Изговор, Материја, Цртеж, Мистерија, Сидартин плес, Буди. У том првом песничком налету читаоци ће проценити речи које боје стихове посебном дражи и љубавним бојама, осећањима који се наслућују. У песниковој машти су цртежи од звезда и снова.

Изговор

Изговараш речи које ти
Леже на души. Киптиш од
Беса и страха, несигурна
У сопствену мисао.
Мислиш на љубав, кажеш мржња
И обрнуто, као нејасна песма си,
Раштимована синфонијом душе...

Кафа

Кафа је за нови дан
Не знам како ме чека јутро
Након уласка у аутобус.

Ноћ је мирисала на грожђе
А поморанџе у даху
Твога пољупца...

Цртеж

Цртам по твојој кожи
Места која нас чекају...

Некако тај први део у збирци има италијанску ноту азаро момената, кафа, бисер, капућино, киша, прозори, грожђе. Сликовити елементи у поезији као и на филму имају своју специфичну конотацију. Тај опуштени моменат у песми релаксира свакога непознатог читаоца, да му се допадне таква врста „Неказане поезије". Она је условљена својим песничким пејзажем и маштом који песник разбарушено носи у својој глави. Овде је све предодређено да има вечан смисао. Љубавни трептаји и осликани колажи сензибилним речима, носе рефлексивну метафору као алегориску слику узвишене љубави. Она је животна и истинита, преплиће се само у песниковим емоцијама и доживљајима. Стварна је, обожавана у праху или материји. Рођена у хлебу или грозду од пољубаца, у кафи за испијање меланхолије, на киши од сусрета и мириса. Растерећен унутрашњим егом и буктињом песник филозофски приступа животу, помало са дистанце налик старцима из Хиландара или нашим мудрим просветитељима. Нема претеривања у љубави и животу. Лакомислени живот није вредан дивљења. Тако и наш песник мирним тоном улази у дубину своје душе и посматра пострадали свет у Пољу макова. Ту се огледа зналачка моћ и опажање шта је у датом тренутку за песника најбоље. Његов испуњен живот контрастима, између светлости и таме, опоре горке љубави, или охолих људи у својим претешким мислима у откуцају сказаљке на сату или дељењу на борбу и трпељивост злих духова. Има ли снаге за даље?

Сви ти космички елементи праха и прашине, од чега смо саздани, има ли Бога у овом свету лудила?

Све нас то окружује хиљадама година уназад. Од старих цивилизација до данашњег дана. Све је у игри од прапочетка до самог постојања. Ми смо ти радознали странци на плавој планети осуђени да живимо. Из тог другог циклуса Тамних песама издвајам: Праскозорје, Очи плавог пса, Бескрај, Поља, Материја, Бацио сам, Живот — као завршна минијатура сваког заљубљеног човека и његове потребе да премости сва искушења која су му задата.

Беснило

Ко да обузда ујед бесног пса?
Људи су звери са душом.
Авиони надлећу нас уместо птица...

Опет

Опет сам гледао у дечака који плаче.
Његове сузе најављују апокалипсу.

Он и ја, изгубљени на перону
Човечанства, закаснили смо на
Воз који иде у сумрак Европе...

И на крају је песник бацио све песме у Дунав, Црно море ће сазнати колико те волим. Из свих тих тамних страна наших живота осећа се клет љубавног самопоуздања. Она није пољуљана страна ни зла коб нерођених будућих песника. Живот као тамни сонет, Малдоророва певања за моју душу. И стална понирања у људском бићу апокалиптичног садржаја. И код Шандора Петефија имамо исти случај сагледавања ствари, будућност следећих људи огледа се у нарушавању склада и хармоније. Сви ће бити сумњиви ако су лепи, а карактер ће бити атентат на новог човека, премазаће га отровом, ако буде самољубљив и доследан. Та ружноћа и насиље почели су да владају по нашим школама где ученици малтретирају своје наставнике. Омаловажавајући нечији рад и професију. Где је грех поезије и прозе? То нико не може да зна. Која ће књига обесмислити смрт или смо само сенке на папиру ? Све су то нечија искуства из ранијих дана осенчена нашом визијом како сагледавамо свет. Мржњом или божанском љубављу у материји светлости и таме. То је тај божански цвет „Ноћ и Дан" који отвара свој хлорофил ујутру , тачно у праскозорје неба.

Пред нама је пета збирка поезије *Изговор* на све недаће овога друштва и живота. У центру пажње је песник и његово виђење света. У материји јутра и ноћи, праха и костију, неба и земље, воде и ватре. Не постоје седам светских чуда, постоји само једно и то је љубав — Жак Превер.

Читаоцима стоји на располагању ново песничко надахнуће а песнику желим много оваквих, или барем сличних збирки. Не волим хвалоспеве нити успаванке за надобудне, просто се намеће став да сваки аутор само ако има и следећу бољу књигу може да издаје. У маси хипер-продукције остајем суздржан и свој. Небојши желим марљив рад и увек неко ново надахнуће у свету поезије и прозе. Само када сазри мисао у песниковом бићу, треба да нам нешто мудро напише или објави.

Књижевник Срећко Алексић

ЛЕТ РЕТКЕ ПТИЦЕ

Осврт на књигу "Изговор", Небојше Стојоског

Трептаји немирних душа
траже се у сновима.
Топлина траје кроз векове.
(Трептаји)

Признајмо: кроз све школовање, у сећање нам се највише урезао — људски осећај Уметника: другачијег, несхваћеног, оног који нам је свет показао онаквим, каквог га без његових дела не бисмо назрели. Сећамо се поређења уметника с Албатросом, „принцом висина", коме „огромна крила сметају да крочи". Замишљамо Ван Гогову бол, покушаје да се приближи савременицима. Самоћу, упркос благу које оставља свету.

Ту су Микеланђелова, Бетовенова, Теслина самоћа у парку, с птицама, намстнута Даром стварања. Уметник помаже да бол освестимо, сагледамо из другачије перспективе. Да јој увидимо смисао. „Гледају ме ноћас очи плавог пса/ он зна моје тајне које нисам никоме одао" (Плави пас) Је ли то био плави коњ, на платну Гогена? „Плави пас" је посебан, можда крупан, неспретан: тако другачији да нема где да се сакрије, тешко налази друга. Необичени пас, симбол смирене патње с ким се можемо поистоветити јер смо као уметник и другачији, и — исти.

За осетљивост, виши увид, нема бољег симбола од птице. Птица прожима ову књигу. Вирџинија Вулф, у Дневнику помиње „птице другог јата", синтагму којом ће означити специјализоване ствараоце, потпуне уметнике, попут себе. Оне, чија је чулна перцепција појачана — науштрб друштвености. Оне који трпе, као Тесла: повређивани, јер слабије препознају „светле" и „тамне" намере. Повлаче се у стварање, не мисле зло. Ма какве да су боли ове групе, створене да увиђа и оставља сведочанства, луч њихове стваралачке грознице светли, генерацијама. Та топлина „... је мелем за усамљене птице/ што лутају небесима/ изнад паркова", пева Стојоски, и пита се: „Где је светлост, а где тама/ у трептају сенки?"

Транспарентност ствараоца представља се као „Стаклена кућа", у истоименој песми. Прелепа грађевина, али крхка и осетљива. Кућа је симбол душе, те се овај чаробни прозирни вењак јавља и као идилично љубавно гнездо, и као кристална душа уметника, што не скрива намере, већ се потпуно даје. Бол љубави, предавања, прихвата се као цена среће. У песми „Подела", песнички субјект препознаје човекову двојност. Снажну, неспутану страну темперамента — он назива „дивља звер" — а у другој је „анђео који... чува" вољену. „Воле те ове стране мога срца/ светло и тама, добро и зло", закључиће песник. Он, као и сви ми, рачуна на Анђела у себи, да чува вољену од Звери. Јер, само „Свемир зна тајну љубави и мржње/ Отварам врата небеска када сам с тобом". Упркос сазнању да не може увек бити анђео, песник моли драгу да га прати. Једноставна, изузетна обрада класичног мотива.

„Познајеш ли ме, жалосна птицо?" (Моје Име) Аутор поседује осећај за детаљ, симбол. Био је потребан Ван Гог, да сунцокрет постане симбол животне радости, и Небојша Стојоски, да птица постане симбол бола генија. „Магија уметности је у томе да обухвата нашу бол, и да нас, истовремено, од ње ослободи", каже говорница Брене Браун. Свако другачије види лет ретке птице а сви смо њиме обасјани, и — узнети.

Ана Правиловић

БЕЛЕШКА О ПИСЦУ

Небојша Стојоски рођен је у Београду 12. 8. 1981. Члан је Удружења књижевника Србије и још доста књижевних удружења: Удружења писаца Дунавски венац, Свесловенског књижевног друштва, Клуба љубитеља књиге Мајдан, Удружења креативаца Популиарти, Удружења писаца Србије, Удружења србских књижевника у отаџбини и расејању, Песничког друштва Раде и пријатељи и Београдског књижевног друштва.

Објавио је књиге: *Завера ума* (2018), поезија, *Моја Стихозборја* (2019), поезија, *Кроз таму велеграда* (2020), кратке приче, *Чекајући сунце* (2021), поезија, *Плач Лавова* (2021), поезија, *Киша и сузе* (2022), кратке приче, *Изговор* (2022), поезија, *Вилајет* (2023), поезија, *Нико као она* (2024), роман.

Живи и ствара у Београду.

САДРЖАЈ

СТИХОВИ СВЕТЛА   5
- КАФА   7
- ВРЕМЕ   8
- ИЗГОВОР   9
- ТИ   10
- ЦРТЕЖ   11
- НОЋ НА МОРАВИ   12
- СКАЗАЉКЕ   13
- МИСТЕРИЈА   14
- СИДАРТИН ПЛЕС   15
- ПАТРИЦИЈА   16
- СЈЕДИНИ СЕ   17
- ВИ СТЕ   18
- ОСЕЋАШ ЛИ   19
- СТАКЛЕНА КУЋА   20
- БУДИ   21
- ЗАПЛЕШИ   22
- ТРЕПТАЈИ   23
- КЛАРИС   24
- ПОДЕЛА   25
- МАТЕРИЈА   26

СТИХОВИ ТАМЕ	27
ПРАСКОЗОРЈЕ	29
ОЧИ ПЛАВОГ ПСА	30
ВАТРА И СУНЦЕ	31
ПРАШКА БОХЕМИЈА	32
ОСТАВИ	33
БЕСКРАЈ	34
КРАЉ	35
ТУМАЧЕЊЕ	36
ГРОТЕСКА	37
МОЈЕ ИМЕ	38
ОПЕТ	39
ПОЉА	40
ЧУЈЕ СЕ	41
ТИХЕ ЗВЕЗДЕ	42
ПРАХ И КОСТ	43
КАДА НЕСТАНЕМ	44
СУВИШЕ	45
ОДУВЕК	46
БАЦИО САМ	47
БЕСНИЛО	48
НЕСТАЈЕШ	49
ЖИВОТ	50
ЦРТИЦА О ЗБИРЦИ „ИЗГОВОР" НЕБОЈШЕ СТОЈОСКОГ	51
У МАТЕРИЈИ СВЕТЛА И ТАМЕ ОСТАЈЕМ	54
ЛЕТ РЕТКЕ ПТИЦЕ	59
БЕЛЕШКА О ПИСЦУ	61

Небојша Стојоски
ИЗГОВОР

Лондон, 2025

Издавач
Globland Books
27 Old Gloucester Street
London, WC1N 3AX
United Kingdom
www.globlandbooks.com
info@globlandbooks.com

Насловна фотографија
StockSnap
(https://pixabay.com/photos/
people-man-woman-holding-hands-2568247)

www.ingramcontent.com/pod-product-compliance
Lightning Source LLC
Chambersburg PA
CBHW052117070526
44584CB00017B/2533